AF263773

Dupont pinx.

PAUL DE SAINT-VICTOR

LAMARTINE

Avec un portrait gravé sur acier.

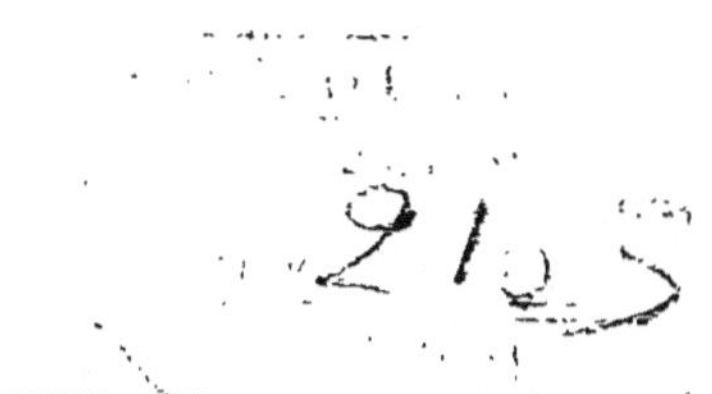

PARIS

L. HACHETTE ET Cⁱᵉ — FURNE, JOUVET ET Cⁱᵉ — PAGNERRE

LIBRAIRES-ÉDITEURS

1869

PARIS. — IMP. SIMON RAÇON ET COMP., RUE D'ERFURTH. 1.

LAMARTINE

Le grand homme qui vient de s'éteindre et dont la France va porter le deuil, remplira de lui l'avenir. C'est à l'histoire qu'il appartient d'écrire l'oraison funèbre digne de sa mémoire. Il n'y a place aujourd'hui sur sa tombe que pour des couronnes hâtivement tressées. Poëte, diplomate, orateur, historien, tribun, sauveur de la patrie dans un jour de crise, Lamartine a parcouru avec l'éclat du génie toutes les grandes voies de l'action et de la pensée. Son œuvre est si vaste, sa vie est si pleine que, comme celle des héros antiques, elle semble résumer plusieurs existences. Il faudrait un livre pour la raconter ; nous n'avons qu'une page. Parcourons-en rapidement les cimes, dont la première touche au ciel.

« Les feux naissants de l'aurore — a dit Vauvenargues — ne sont pas si doux que les premiers regards de la gloire. » Ce fut dans une gloire pure comme une aube, que le génie de Lamartine se leva en 1820. Son début, au milieu de la littérature terne et desséchée de l'époque, eut la lumière d'une apparition. C'était le ciel rouvert sur la poésie, la flamme rallumée sur les autels de l'amour ; la source des larmes, si long-temps glacée, se remettait à jaillir. Le jeune poëte se révélait dès ce premier livre, comme le Psalmiste des générations nouvelles. Leurs rêveries secrètes, leurs sentiments inexprimés, leurs voix intérieures trouvaient en lui un divin organe. C'était le *Sunt lacrymæ rerum* de Virgile traduit en poëmes. Et quelle sublimité naturelle ! quelle fraîcheur dans l'abondance ! quelle pureté de souffle ! quelle facilité dans l'essor ! quelle manière transparente et large de peindre et de refléter la nature ! Au centre de ce ravissant mélange de cantiques et d'élégies rassemblés, *le Lac*, argenté par la lune, se dessinait dans son contour harmonieux. Site unique entre tous ceux du monde poétique, chef-d'œuvre d'art et de cœur qui ne sera jamais surpassé.

Les *Nouvelles Méditations* et les *Harmonies ;* plus tard, *Jocelyn, la Chute d'un ange* et les *Recueillements*, agrandirent tour à tour indéfiniment la source première. Ce lac, image de la première manière du poëte, circonscrit comme par les bords ciselés d'une coupe, s'élargit à perte de vue. De vastes courants le développèrent en tous sens : il prit l'ampleur de la haute mer, s'étendant à tous les rivages et réfléchissant l'infini. Mais, en pleine immensité, le génie du poëte reste toujours pur, limpide, accessible. Cette légende de l'enfant voulant puiser l'Océan dans une coquille, la poésie de Lamartine l'a réalisée. L'âme la plus simple, l'intelligence la plus naïve peut goûter ses vers. Il élève au septième ciel du lyrisme les idées et les sentiments; mais ces idées et ces sentiments sont communs à tous; il les tire du fond immuable de l'âme humaine; il leur prête ses ailes et les transfigure. Le cœur de la jeune fille et l'esprit du philosophe sont enlevés en même temps par lui. L'aigle et la colombe peuvent monter du même vol dans son atmosphère. — C'est là le don par excellence de ce génie sympathique : il parle de haut et tous le comprennent. Sa lyre ressemble à ces grandes orgues dans lesquelles l'artiste semble avoir enfermé toutes les voix du monde. Par moments, on croit entendre la foudre gronder, le torrent mugir dans leurs profondeurs; l'instant d'après, vous diriez que l'oiseau a fait son nid dans leurs tuyaux éoliens, tant elles passent avec une soudaine et toute-puissante harmonie du tonnerre au soupir et de la clameur au sanglot! Manié par la main du musicien qui l'inspire, le vaste instrument tantôt s'agrandit aux proportions d'une forêt que le vent agite, et tantôt s'atténue à la mesure de la flûte agreste que remplit le souffle d'un pâtre. — Ainsi de la poésie de Lamartine : de la même voix dont elle chantait tout à l'heure les mystères de l'éternité et de l'infini, sa muse va soupirer l'élégie d'une femme ou la prière d'un enfant. Du trépied enveloppé des flammes prophétiques, elle passe sans effort au coin du foyer.

L'orateur en lui se sortit du poëte et l'eut bientôt égalé. La littérature seule ne pouvait contenir cette nature comblée d'aptitudes, avide d'action et de dévouement. Lamartine était entraîné vers la politique comme vers un devoir par la conscience des services qu'il pouvait rendre à son temps et à sa patrie. Lorsqu'à son retour d'Orient, l'élection de Bergues l'eut envoyé à la Chambre, il y resta longtemps isolé comme sur un sommet : « Où allez-vous vous asseoir dans l'Assemblée ? » lui demandait un de ses amis. — « Au plafond, » lui répondit-il. — Comme M. de Girardin, son ami constant d'idées et de cœur, il avait planté son drapeau en dehors des agitations éphémères et des rivalités stériles des partis ; non sur le sol mouvant des passions et des préjugés, mais dans la vérité, dans la justice et dans l'intérêt permanent du pays. Il n'aspirait point à figurer dans le drame fugitif des coteries et des ministères, ne voulant d'autre rôle dans la vie publique que celui de la conscience dans la vie privée. Il croyait qu'il peut y avoir de la liberté dans les monarchies et de l'ordre dans les républiques, et que l'humanité doit marcher au progrès par tous les chemins. Les gouvernements n'étaient pour lui que des instruments de civilisation, dont il faut se servir tels que la force des choses et le temps les donnent, pour faire avancer et fructifier les idées, et qu'il vaut mieux plier que briser.

L'impartialité est un rôle ingrat. Lamartine, à la Chambre, fut d'abord écouté avec défaveur. Le mot d'ordre du dénigrement était : poésie. On le renvoyait sans cesse à ses vers ; on jetait sa lyre, pour le faire trébucher, sur les marches de la tribune ; ses ennemis, comme il l'a dit, le reléguaient dans le ciel. Il s'emparait pourtant chaque jour avec plus de puissance et d'autorité de cette tribune disputée. Son éloquence sublime et fervente, animée d'un souffle presque religieux de patriotisme, passait par-dessus les bancs hostiles ou distraits de la Chambre, pour retentir avec éclat au cœur du pays. Il fallut bientôt compter avec elle. L'amnistie, l'émancipation des esclaves, l'adoption des enfants trouvés, la charité sociale, la fraternité des classes dans la liberté, l'abolition de la peine de mort, trouvaient en lui un tribun et presque un apôtre. De discours en discours il finissait par personnifier aux yeux de la nation toutes ces nobles causes. L'avenir du progrès s'incarnait en lui. Ce rêveur, comme on l'appelait, prononçait les formules magiques de l'époque ; celles qui frappant d'un trait, résumant d'un mot, circulaient dans toute la France comme les proverbes de la situation. Pendant les dernières années du gouvernement de Juillet, il fut, on peut le dire, le ministre sans portefeuille des vœux et de l'opinion du pays.

Son *Histoire des Girondins* a été la préface d'une révolution ; il est difficile de l'en détacher et de juger froidement comme un livre, une œuvre entrée si profondément dans les faits. Ce qui s'élève au-dessus de toute controverse, c'est le génie du poëte versant à flots l'idéal, la vie, la lumière sur cet orage d'événements et d'hommes ; c'est l'impartialité hardie du penseur tirant le feu sacré du volcan, purifiant les principes des excès qui les souillèrent, et rejetant sur les bourreaux, non sur les idées, le sang des victimes.

Lorsque éclata la révolution qu'il avait prédite sans la désirer, il se jeta dans sa tourmente, corps et âme, pour la modérer. L'histoire fera plus tard une légende de sa lutte contre l'anarchie. Ce fut là le point suprême et culminant de sa vie. Ces marches de l'Hôtel de Ville d'où, sous l'éclair des baïonnettes, au bruit du tocsin et des coups de feu, affrontant les sabres agités contre sa poitrine, il haranguait une multitude en délire et foulait aux pieds son drapeau sanglant, voilà le piédestal d'où la postérité le contemplera! Jamais l'éloquence humaine n'opéra un plus grand miracle. Comme l'orateur grec, Lamartine haranguait la mer, et, plus puissant que lui, il fit reculer cette mer en fureur. A ce moment, on peut dire qu'il couvrait la France de son corps. L'attitude qui a immortalisé Boissy d'Anglas pour l'avoir eue trois heures devant une émeute, Lamartine la garda trois jours devant une Révolution.

Cette tempête apaisée l'avait élevé sur la plus haute cime de popularité que jamais un homme ait atteinte. Le pays s'attachait à lui avec une reconnaissance passionnée. Son nom était devenu une acclamation et sa personne une idole. La France en masse le poussait au pouvoir unique ; dix élections le portèrent, comme sur un pavois, à l'Assemblée nationale. L'histoire dira plus tard avec quelle probité civique il exerça son pouvoir précaire, la résistance généreuse qu'il opposa aux tentations de la dictature, le sacrifice qu'il fit de lui-même à ce qu'il crut être le salut public. La chute fut aussi rapide que l'élévation avait été triomphale : deux mois après, sa popularité s'engloutissait sous l'ingratitude du peuple et les ressentiments des partis. Les balles de Juin, au-devant desquelles il s'offrit sur les barricades, ne l'épargnèrent que pour le rejeter dans l'oubli. Il en sortit, de temps à autre, pendant les trois années qui suivirent, par des discours qui rallumaient un instant son nom éclipsé, par des conseils éloquents au peuple ; mais son heure était passée, son ostracisme était écrit dans la fatalité des événements et dans la mobilité des esprits. Le coup d'État le relégua dans l'ombre et l'ensevelit comme avant le temps.

Cette grande vie méritait de finir par le lent et rayonnant crépuscule qui éclaira la vieillesse de Gœthe et de Washington. Il ne fut pas donné à Lamartine de vieillir ainsi : son couchant fut sombre et lugubre. La Muse put dire de lui, dans ses derniers jours, ce que Béatrix disait de Dante :

L'amico mio è non della ventura.

« Mon ami, qui n'est pas celui de la fortune ». Une dette énorme pesait sur lui, contractée surtout par les prodigalités de sa bienfaisance.

D'autres bouches, un jour, te diront sur ma tombe,
Où fut enfoui mon trésor,

répondait-il autrefois à un pamphlétaire qui lui reprochait sa richesse. Sa tombe est ouverte, ses amis peuvent dire aujourd'hui dans quels abîmes de charité il engloutit sa fortune. Ce ne fut pas seulement sa vie qu'il dévoua, en 1848, à la chose publique : entré riche encore dans ce pouvoir d'un jour, il en sortit dépouillé. Esclave de cette lourde dette dont il ne pouvait qu'allonger la chaîne, il lui fallut, à l'heure du repos, faire de sa grande plume un outil, et l'user, sans trêve ni relâche, aux œuvres serviles du travail. Combat privé, obscur, quotidien, plus terrible que la bataille au soleil; lutte inégale de l'homme intellectuel contre des nécessités matérielles qui, de jour en jour, s'aggravaient.

Il aurait pu sans doute s'asseoir sur sa ruine, s'envelopper de son manteau et maudire les hommes; mais l'écroulement de son patrimoine aurait brisé les existences liées à la sienne. Il préféra s'épuiser en vains efforts à le reconstruire. S'il eut le tort d'étaler à nu sa détresse, qui pourrait aujourd'hui le lui reprocher? Il se présentait au public comme ces personnages tombés de l'ancienne Rome, qui dévoilaient en plein forum les cicatrices des blessures qu'ils avaient reçues en combattant pour le peuple. — L'injure et la moquerie poursuivirent le grand suppliant : Rome l'eût reconduit au Capitole, où il aurait pu jurer, comme Scipion, qu'il avait sauvé la patrie !

La mort, qui perfectionne les grands hommes, enlèvera ces ombres et dissipera ces misères. Quel im-

posant chef-d'œuvre elle va faire de sa noble image !
de quelle lumière d'auréole elle va l'entourer ! Tous les
rayons de son génic, obscurcis par les ténèbres qui
enveloppèrent sa vieillesse, vont sortir du nuage et se
rassembler sur sa tombe. Le grand poëte bienfaiteur
des âmes, l'historien qui tira des cendres confuses du
passé les flammes qui éclairent, l'orateur puissant
luttant pour le triomphe de la raison humaine dans
les lois et dans les idées, tantôt pour les droits du
peuple et tantôt contre ses démences, le tribun de paix
qui fit reculer l'anarchie en lui parlant face à face, se
re dresseront à la fois de toute leur grandeur et re-
prendront leur majestueuse unité.

L'antiquité aurait fait un mythe de cette multiple
existence, de cette ubiquité du génie parcourant tant
de voies diverses. Elle sera l'étonnement de la postérité qui commence. Il y aura de l'amour dans le culte
d'admiration dont elle entourera sa mémoire. Autant
qu'à son esprit il parlera à son cœur. Le retentisse-
ment de son éloquence pourra s'affaiblir, mais ses
chants immortels traverseront les siècles. Par-dessus
sa couronne civique que le temps effeuillera peut-être,
Lamartine a l'étoile au front.

Dans une admirable page des *Recueillements*, le
poëte, il y a trente ans, invoquant déjà la mort comme
une divinité secourable, adjurait la *Cloche* qui devait
sonner à ses funérailles :

Moi, quand des laboureurs porteront dans ma bière
Le peu qui doit rester ici de ma poussière,

Après tant de soupirs que mon sein lance ailleurs ;
Quand des pleureurs gagés, froide et banale escorte,
Déposeront mon corps endormi sous la porte
        Qui mène à des soleils meilleurs ;

Si quelque main pieuse en mon honneur te sonne,
Des sanglots de l'airain, oh ! n'attriste personne ;
Ne va pas mendier des pleurs à l'horizon !
Mais prends ta voix de fête et sonne sur ma tombe
Avec le bruit joyeux d'une chaîne qui tombe
        Au seuil libre d'une prison !

Cette cloche, qui va tinter sur son cercueil dans la vallée de Saint-Point, retentira par le monde entier. Elle ne sonnera pas avec la voix de fête que lui demandait le poëte ; ses échos feront couler bien des larmes. Mais il y aura, en effet, comme le bruit d'une délivrance dans son glas funèbre : celle du génie échappant aux injustices, aux calomnies, aux ingratitudes du présent, pour entrer rayonnant et calme dans sa glorieuse immortalité !

OEUVRES

DE

A. DE LAMARTINE

ÉDITION GRAND IN-8 CAVALIER VÉLIN

ILLUSTRÉE DE 30 GRAVURES SUR ACIER PAR NOS PREMIERS ARTISTES

DIVISION DE L'OUVRAGE :

MÉDITATIONS — NOUVELLES MÉDITATIONS
CHANT DU SACRE — MORT DE SOCRATE — PÈLERINAGE
DE CHILDE-HAROLD

AVEC NOTES ET COMMENTAIRES

1 vol.. . . . . 7 fr.

HARMONIES POÉTIQUES — RECUEILLEMENTS

AVEC NOTES ET COMMENTAIRES

1 vol. . . . . 7 fr.

JOCELYN

AVEC NOTES ET COMMENTAIRES

1 vol.. . . . . 6 fr.

CHUTE D'UN ANGE

AVEC NOTES

1 vol.. . . . . 6 fr.

VOYAGE EN ORIENT

2 vol.. . . . . 12 fr.

LES CONFIDENCES ET LES NOUVELLES CONFIDENCES

1 vol. . . . . 7 fr.

Collection des 30 gravures pouvant servir à illustrer les anciennes
éditions.. . . . . 15 fr.

ÉDITION IN-18 FORMAT ANGLAIS

PREMIÈRES MÉDITATIONS. 1 vol.. . . . . 3 fr. 50
HARMONIES POÉTIQUES. 1 vol. . . . . 3 fr. 50
RECUEILLEMENTS POÉTIQUES. 1 vol.. . . . . . 3 fr. 50
JOCELYN. 1 vol.. . . . . 5 fr. 50

LES CONFIDENCES. 1 vol. . . . . 2 fr. »
NOUVELLES CONFIDENCES. 1 vol.. . . . . 1 fr. 50
RAPHAEL. 1 vol.. . . . . 1 fr. »
GRAZIELLA. 1 vol.. . . . . 1 fr. »

ANCIENNES ÉDITIONS

RECUEILLEMENTS POÉTIQUES. 1 vol. in-8. . . . 3 fr. 50
—   —   1 vol. in-18.. . . 1 fr. 75
LA CHUTE D'UN ANGE. 2 vol. in-18. . . . . . . 5 fr. 50

GRAZIELLA

Magnifique édition in-4, ornée de nombreux dessins, par ALF. DE
CURZON. 1 beau vol. élégamment cartonné. . . . . 15 fr.

JOCELYN

Nouvelle édition, revue et corrigée, imprimée sur papier de luxe dans
le format in-8 jésus, illustrée de nombreuses vignettes gravées sur
bois. 1 vol. . . . . 10 fr.

HISTOIRE DES CONSTITUANTS

4 vol. in-8 grand cavalier vélin, le vol. . . . . 5 fr.
L'ouvrage complet. . . . . 20 fr.

HISTOIRE DE LA RESTAURATION

CHUTE DE L'EMPIRE, PREMIÈRE RESTAURATION, CENT-JOURS. DEUXIÈME RESTAURATION.

8 vol. in-8 grand cavalier vélin, ornés de 32 magnifiques portraits-vignettes sur acier ; l'ouvrage complet. . . . . 40 fr.
Collection des 32 portraits-vignettes.. . . . . 10 fr.
LE MÊME OUVRAGE, 8 vol. in-18 jésus vélin. . . . . 16 fr.
Chaque volume se vend séparément.. . . . . 2 fr.

HISTOIRE DE LA TURQUIE

8 vol. in-8 grand cavalier. Le vol.. . . . . 5 fr.

LE TAILLEUR DE PIERRES DE SAINT-POINT

RÉCIT VILLAGEOIS.

1 vol. in-8 cavalier vélin. . . . . 4 fr

PARIS. — IMP. SIMON RAÇON ET COMP., RUE D'ERFURTH, 1.

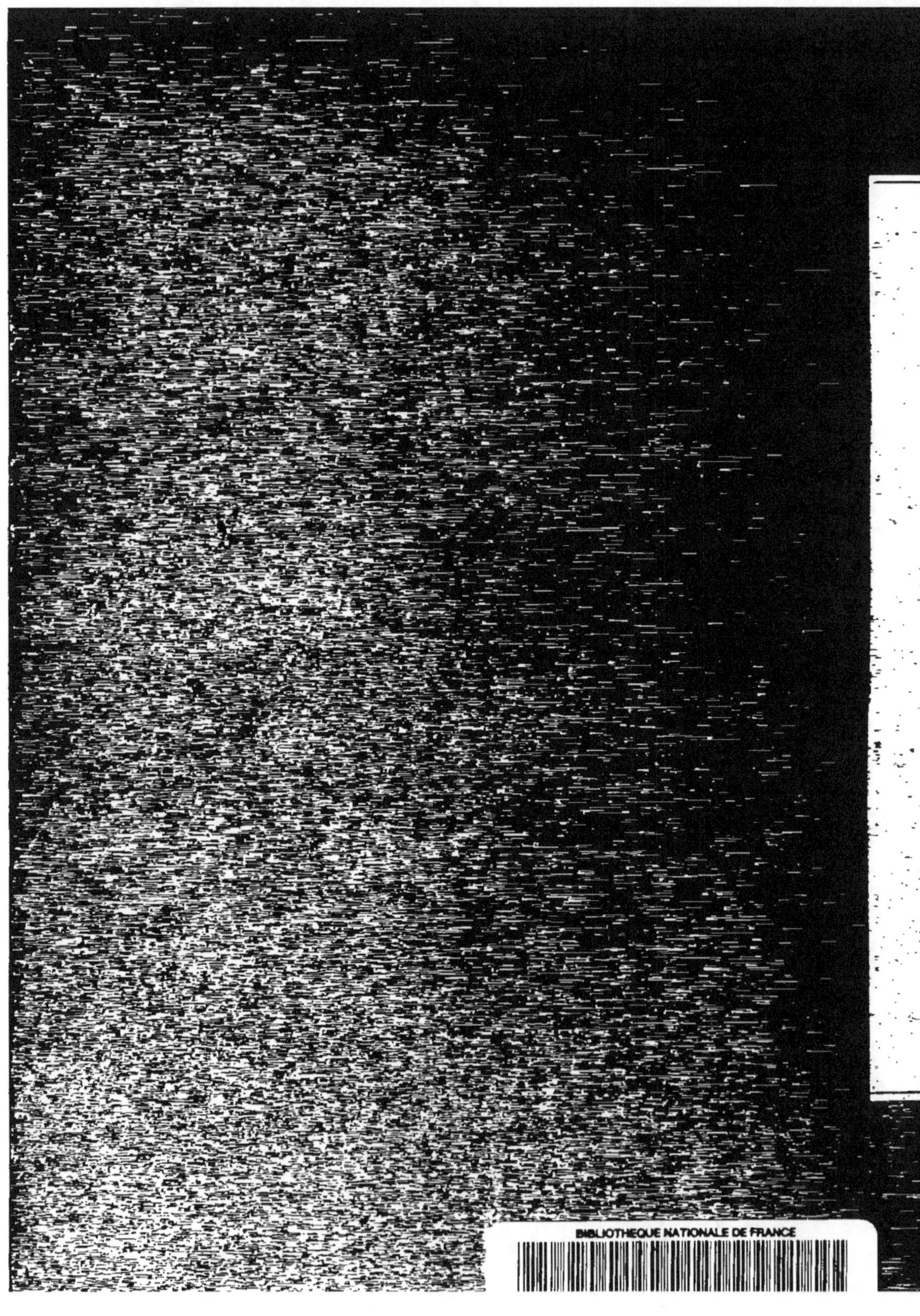